Eric Carles Tier-ABC

Mit Reimen von Edmund Jacoby

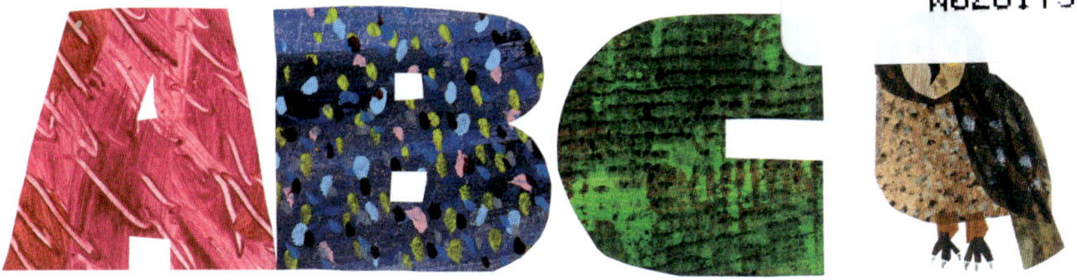

CARLSEN

»Wie heiß ich denn, wie heiß denn ich?«,
fragt Mutter **A...** nachdenklich.
Du weißt es schon, du weißt es ja –
doch sind noch andre Tiere da.

»Hab zu viel Honig heut gegessen
und meinen Namen ganz vergessen.
Ach, wer bin ich, sag nur, wer?«,
brummt der große braune **B . . .**

Dieses Tier fängt fette Fliegen
und es denkt dann voll Vergnügen:
»Ach, wie gut, dass niemand weiß,
dass ich, na? – **C........** heiß!

»Wir leben ja so gern im Meer,
auch frische Luft behagt uns sehr.
Nun sag uns mal, du kluges Kind,
weißt du, dass wir **D . . . . .** e sind?«

Dieses Tier ist wirklich groß,
doch, oje, wie heißt es bloß?
Hast du es etwa schon erkannt?
Sag's mir ins Ohr:
Ein **E**......!

»Am Tage schlafe ich daheim
und ist es Nacht, flieg ich hinaus.
Mein Name, der ist streng geheim,
denn **F. . . . .** kriegst du nie raus.«

»Ich hab den längsten Hals der Welt
und weißt du, was mir sehr gefällt?
Wenn jemand meinen Namen kennt
und mich jetzt gleich **G......** nennt!«

Fühlt sich den Hühnern überlegen
und kann noch nicht mal Eier legen!
Wer ist der bunte eitle Mann?
Jawohl, es ist der Gockel-**H . . .** !

»Los, wer Mut hat, soll mich streicheln,
mir mit meinem Namen schmeicheln.
Sag nur nicht: Iii, ein Stacheltier!
Sag einfach **I . . .** chen zu mir!«

Wer schläft im Urwald auf den Bäumen,
verbringt die Zeit mit schönen Träumen?
Wer macht sich denn am Tag so rar?
Na klar, es ist der **J......**

»Ich bin bekannt als Wüstenschiff,
doch lauf ich niemals auf ein Riff.
Und deshalb find ich's wirklich Mist,
dass, du ›**K. . . .**‹ ein Schimpfwort ist.«

Tiere haben Angst vor ihr,
außer ihren Kleinen hier.
Denn sie wissen, leckres Futter
schleppt herbei die **L . . .** nmutter.

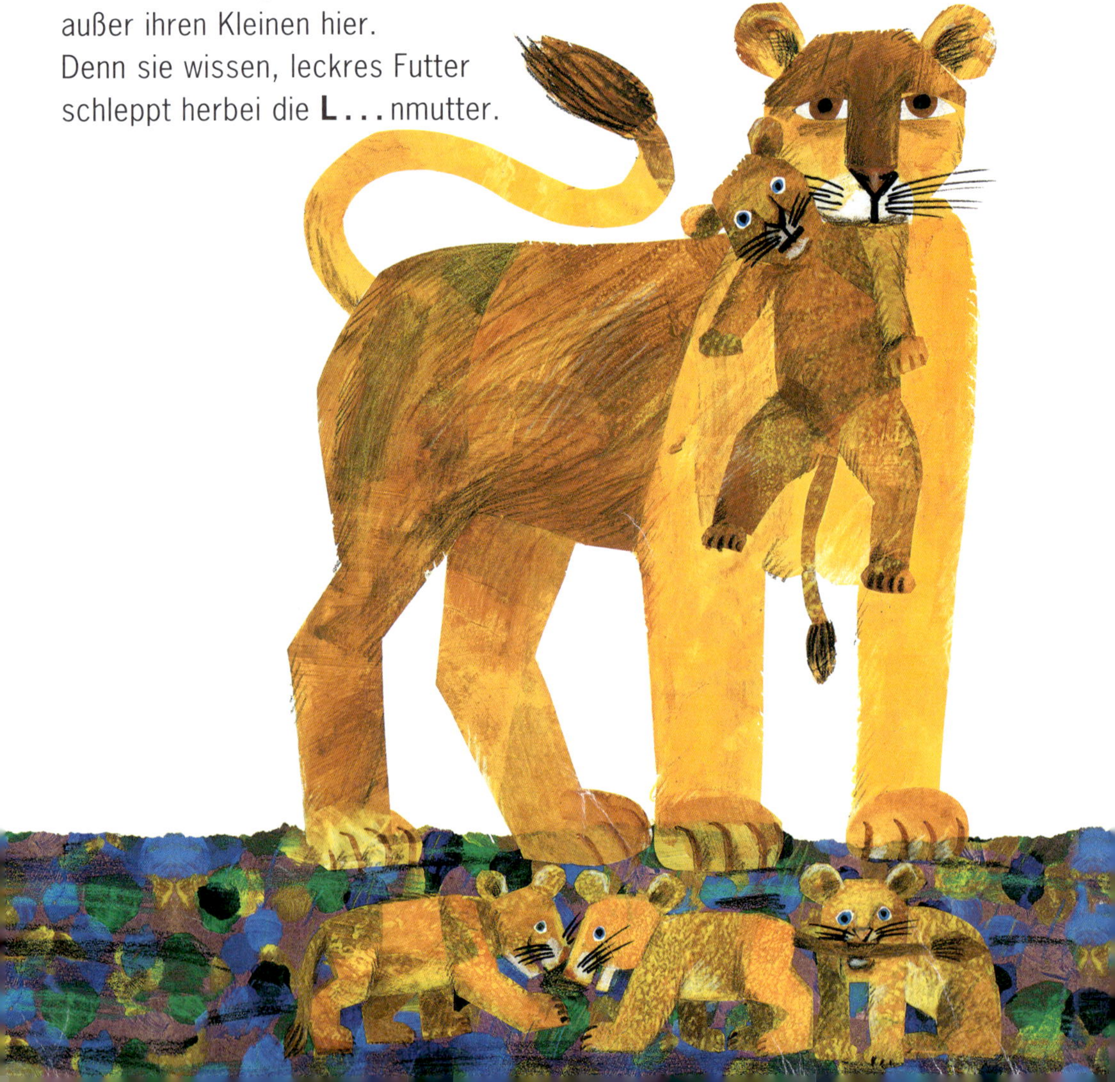

Am Computer hat man sie,
du hast sie an deiner Hand.
In die Hand kriegst du sie nie:
Sie ist schnell, wird **M . . .** genannt.

»Weil ich mich selbst nicht kratzen kann,
wird dies von Vögelchen getan.
Die Haut ist dick, der Schwanz ist dünn –
weißt du, dass ich ein **N......** bin?«

Wenn er von Ast zu Ast sich schwingt,
der tollste Sprung ihm noch gelingt –
verdammt, zeigt er nicht sehr viel Mut dann,
der kühne Klettrer **O . . . . - . . . .**?

»Gut, dass du sprechen kannst wie ich!
So sprich mir nach, bemühe dich:
Nichts Bunt're schlüpft aus einem Ei,
nichts Schön'res als ein **P** . . . .«

Wie am Himmel der Ballon
schwebt im Meer sie still davon.
Doch am Strand, da schreien alle:
»Oh, wie eklig, eine **Q . . . . .**!«

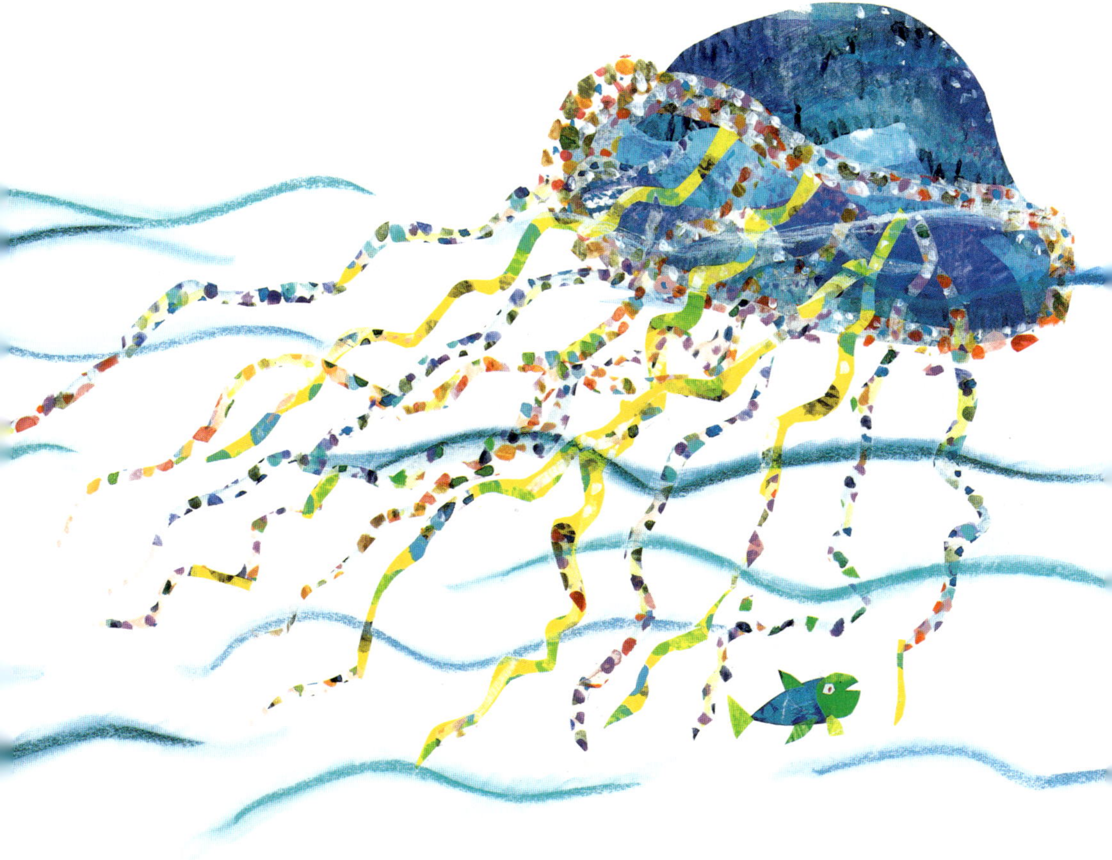

»Ein Schmetterling möcht ich mal sein,
drum fress ich alles in mich rein.
Fress Halm für Halm und Blatt für Blatt
als kleine **R . . . .** Nimmersatt.«

Ja, wusstest du, dass schöne Sterne
nicht allein am Himmel schweben,
sondern auch das Meer beleben:
den **S.......** hat ein jeder gerne.

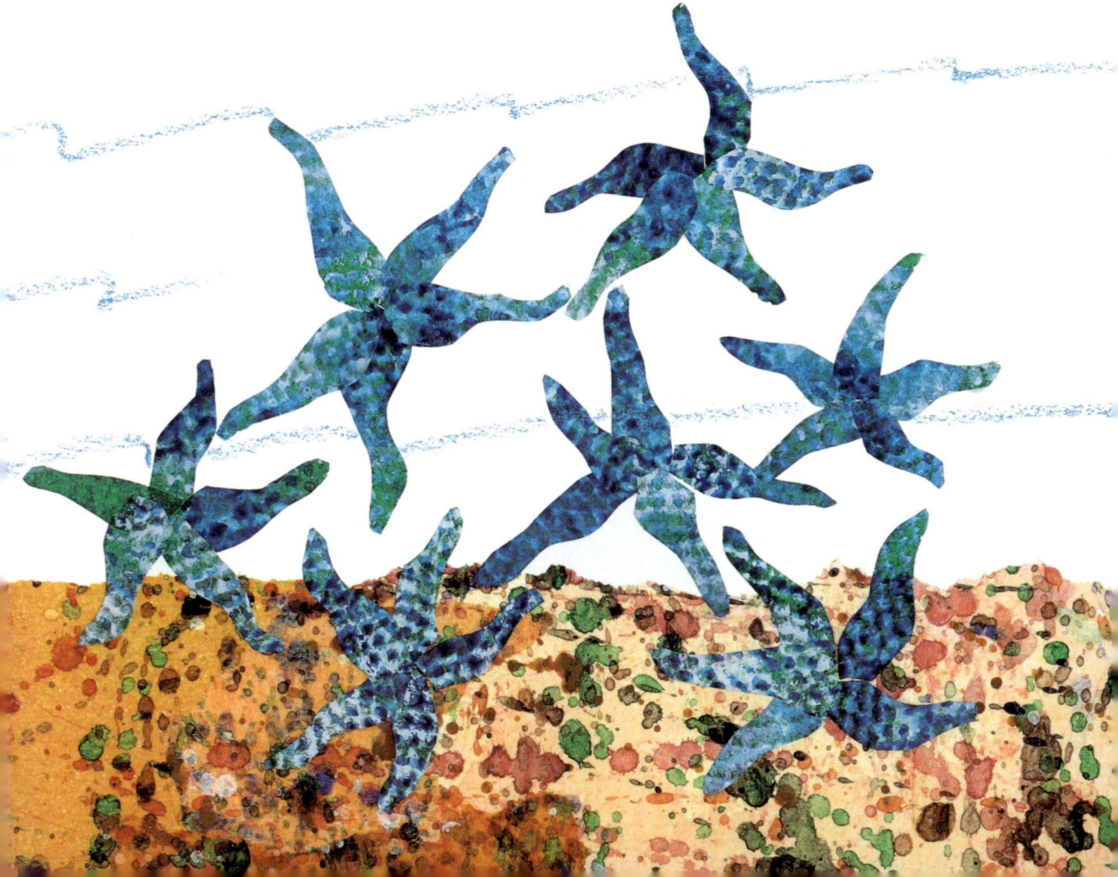

»Geh hinterm Gitter hin und her –
ach, wenn ich nur in Freiheit wär!
Doch bin ich draußen, heißt es bloß:
O Schreck, jetzt ist der **T . . . .** los!«

»Schuhuu«, da fliegt er durch die Nacht,
ist abends grad erst aufgewacht.
Er ruft die ganze Nacht durch »schuuhu«,
daran erkennst auch du den **U** . . .

Amsel, Eule, Möwe, Specht,
auch Spatz und Rabe sind uns recht:
In ihrer Vielfalt wunderbar
ist ja die ganze **V. . . .** schar.

Es watschelt träge auf dem Land,
liegt müde oft am Meeresrand.
Doch lässt es sich ins Wasser runter,
wird so ein **W. . . . . .** plötzlich munter.

»Nix bin ich richtig, das ist dumm:
teils Frau, und Fisch nur untenrum.
Warum? – Die Antwort auf die Frage:
Uns **. . x .** n gibt’s nur in der Sage.«

»Mir ist vor Eis und Schnee nicht bang,
mein Fell ist zottelig und lang.
Doch Milch geb ich wie eine Kuh:
Ich bin ein **Y . .** – und was bist du?«